LES TAXES DOUANIÈRES

LE « LAISSER PASSER » VOILA L'ENNEMI

PAR

J. REYNÈS,

Ancien élève de l'École supérieure du Commerce,

Propriétaire,

Ancien Négociant, ancien Vice-Pésident de la Société vinicole,

Membre de la Société des Agriculteurs de France, etc.,

A PERPIGNAN.

Prix: 25 centimes.

NARBONNE

IMPRIMERIE F. CAILLARD, RUE CORNEILLE, 2

1888

LES TAXES DOUANIÈRES

LE « LAISSER PASSER » VOILA L'ENNEMI

PAR

J. REYNÉS,

Ancien élève de l'École supérieure du Commerce,

Propriétaire,

Ancien Négociant, ancien Vice-Pésident de la Société vinicole,

Membre de la Société des Agriculteurs de France, etc.,

A PERPIGNAN.

NARBONNE

IMPRIMERIE F. CAILLARD, RUE CORNEILLE, 2

1888

LES TAXES DOUANIÈRES

Le « Laisser Passer » voilà l'ennemi

J. Reynès.

I

Si les taxes douanières soulèvent un monde de contradictions, cela tient, d'une part, à la défense des intérêts de la production qui sont en opposition avec le principe international du « Laisser Passer » et, d'autre part, au trafic d'importation dont l'importance paraît opposée à la prospérité de l'Agriculture nationale.

En encourageant l'importation, on condamne le travail national à s'amoindrir, ce qui se traduit par le malaise, la crise déterminant une forte réduction dans la consommation générale du pays et portant atteinte au commerce international lui-même.

C'est donc méconnaître la loi de leur prospérité commune que d'appliquer le principe du « Laisser Passer ».

La libre concurrence n'est, en effet, qu'un privilège pour l'étranger : le produit importé profite de nos routes, de nos chemins de fer, de nos canaux, de la sécurité que donnent aux transactions nos lois, notre police sociale, etc., toutes choses pour lesquelles le travail national est lourdement imposé. Or, en supprimant la douane en vue d'une nationalité hypothétique embrassant les nations du globe, ce qui serait vraiment le libre échange, on s'appuie sur une utopie, puisqu'il ne dépend pas de nous d'agir au dehors, soit pour faire adopter nos idées, soit au point de vue de la manière d'établir les impôts et le budget.

Si donc, dans tous les temps et dans tous les pays, la douane a existé, il est rationel d'admettre comme un principe que les nations ont eu spontanément conscience de son importance et de sa raison d'être.

Frédéric Bastia écrivait à la fin du règne de Louis Philippe que loin de demander la suppression des douanes, il y voyait pour l'avenir l'ancre de salut de nos finances.

Léonce de Lavergne indiquait aussi la voie à suivre et posait en quelque sorte l'équation du régime douanier, en réclamant des taxes qui fussent, autant que possible, équivalentes

à l'impôt que payent les produits similaires
français.

Michel Chevalier lui-même a dit : « Loin de
moi la pensée de livrer notre industrie, sans
défense, aux attaques des ateliers britanniques
dont les forces sont supérieures. »

Le vicomte de Saint-Chamans reprochait au
libre échange de se donner beaucoup de peine
pour diminuer l'effort humain, alors que tant
d'hommes demandent du travail et languissent
faute d'en trouver.

Les tarifs douaniers sont donc indispensables
pour assurer le progrès dans la consommation,
l'équilibre dans les finances et l'indépendance
de la nation.

II

Ainsi, nous venons de montrer que le libre
échange n'est admissible qu'en écartant le
principe de la douane, c'est-à-dire ce qui est
comme l'essence des nationalités.

Si l'on objecte qu'une nation adopte ou
n'adopte pas le principe du libre échange, que
devient alors ce principe dans ses applications?
Un non sens, un danger, une folie.

Par l'énoncé de l'économiste Léonce de Lavergne, le régime douanier est susceptible de tempérament : la douane devient une quotité à imposer correspondant à la parité des impôts directs et indirects qui frappent la production nationale.

Cette quotité, appliquée à toute importation, répond admirablement aux intérêts économiques d'une nation : la taxe est faible sur les matières premières et produits ayant subi peu de transformations et élevée sur les objets de luxe ; le tant pour cent *ad valorem,* c'est-à-dire une taxe fixe représentant ce tant pour cent, produit en effet ce résultat.

Les droits de douane sont moins onéreux pour le consommateur que les droits d'accise : ceux-ci sont payés en totalité, alors que ceux-là obligent le commerce, en présence de la concurrence des produits nationaux, à faire payer au producteur étranger tout ou partie des droits. C'est ainsi que les Américains trouvent très équitable et fort naturel que les étrangers supportent une part du fardeau budgétaire : par leur tarif douanier, le producteur étranger est prévenu qu'il rencontrera la concurrence des produits nationaux ; l'étranger est ainsi forcé de réduire ses prix et ses profits.

L'Amérique, après la guerre de sécession, établit un tarif général des douanes fortement protectionniste :

Les vins en barriques acquittaient 75 fr. l'hect.
Les vins en bouteilles, 3 fr. par bouteille.
Les soieries, 50 °/₀ *ad valorem*.
Les laines et cotonnades, 40 °/₀ *ad valorem*.

Dans ce pays de la protection par excellence, chaque année décèle une augmentation considérable de richesse et d'affaires : 4 milliards 100 millions aux exportations ; 3 milliards 600 millions aux importations. La douane produit bon an mal an 1 milliard. Les droits protecteurs n'arrêtent donc pas l'importation : notre taxe de 1 fr. 50 par kilogr. de café n'a pas empêché l'importation de s'élever de 66 millions de kilogr. en 1878, à 106 millions en 1883.

Ainsi donc les Américains sont loin, bien loin, de considérer la douane comme un impôt de consommation, parce que la protection n'exclut pas la concurrence des producteurs nationaux ; c'est donc plutôt un impôt sur le luxe apportant au gouvernement des ressources précieuses qui permettent d'alléger les charges des citoyens.

Les économistes distingués qui ont battu en brèche la douane, tout en restant indifférents à l'endroit des impôts d'accise, ont donc fait fausse route. Du libre échange il n'en existe nulle part, car il faut tenir compte de l'autonomie topographique, financière, maritime, etc., de chaque nationalité.

L'Angleterre, nous dira-t-on, est libre échangiste. La vérité est que le tarif anglais actuel est très opposé à l'ancien, dont les taxes étaient générales et presque prohibitives (les céréales acquittaient 11 francs); cependant, la douane anglaise produit actuellement près de 600 millions, soit le double de la douane française.

Les vins sont taxés à un minimum de 25 fr. l'hect. et produisent 40 millions — le tabac produit en douane 235 millions, le thé 120 millions, l'alcool 150 millions — puis viennent les fruits secs, le café, le cacao, les cartes, les objets d'or et d'argent, etc.

En France, le monopole des tabacs produit seul autant que la douane.

Lors de la révolution économique du régime douanier anglais, l'agriculture fut sacrifiée aux grands centres industriels, mais il ne faut pas oublier que c'est le pays où le paupérisme est arrivé à son apogée. D'ailleurs, son climat ne

lui permet qu'une culture peu variée, tandis
que le fer et la houille, les nerfs de l'industrie,
lui donnent l'avantage dans la grande lutte
commerciale. L'Angleterre est aussi un vaste
entrepôt desservant ses colonies et le monde
entier, grâce à son armement maritime.

La France, elle, est plus agricole que ma-
nufacturière et artistique. Elle ne doit donc
pas sacrifier l'agriculture comme on l'a fait
en Angleterre. L'industrie ne doit pas perdre
de vue que son plus sûr débouché c'est la
France. La ruine de l'agriculture doit donc
amener la crise industrielle. C'est ce qui se
manifeste.

III

Depuis les traités de 1860, soit par le tarif
général des douanes, soit par les tarifs conventionnels, la tendance a toujours été de
sacrifier les produits agricoles en vue d'obtenir des réductions sur les taxes étrangères
pour faciliter l'exportation des articles de
Paris : bimbeloterie, parfumerie, chapellerie,
etc. ; ces articles, objets de luxe le plus souvent, eussent obtenu un débouché équivalent
au plein tarif, et, quoiqu'il en soit, il est fort

injuste de faire subir par contre, aux produits agricoles, tout le poids d'une concurrence étrangère favorisée, c'est-à-dire que l'on a cherché à enrichir le commerce parisien en ruinant sûrement l'agriculture. Il y a là une catégorie de protégés aux dépens des autres qui sont asservis.

Nous réclamons donc hautement que le tarif général des douanes soit, à l'avenir, plus équitablement établi.

Laissons de côté une fois pour toutes ces économistes de la vieille école qui professent encore avec une foi naïve, le principe du « Laisser Passer ». Que propose-t-on pour remédier à la crise agricole ? M. Grandeau, dans ses études agronomiques conclut « que pour le blé le point capital est d'abaisser le prix de revient en augmentant les rendements ». Sur le papier cela paraît presque une vérité de la Palisse ; il en est rien pourtant. On obtient sans doute des rendements supérieurs par des travaux et des dépenses supplémentaires, mais il n'est rien moins que prouvé que le prix de revient soit moindre, même en ne tenant pas compte des impossibilités provenant du morcellement excessif de la propriété en France.

M. Levasseur, dans un travail paru sur les contradictions du système protectionniste, prétend aussi que le seul moyen de se tirer de la crise agricole est de pousser au rendement, mais il fait observer que l'accroissement du rendement sera une nouvelle cause de baisse. La contradiction existe en effet, mais en faveur de la protection. C'est l'inverse qu'il s'agissait de démontrer.

Non, ce n'est pas avec un si mince bagage que l'on peut espérer conjurer la crise.

Les mesures fiscales douanières sauveront l'agriculture malade non pas à cause de la plus value des droits, mais pour la raison unique que le produit étranger ne pourra venir concurrencer, sans bourse délier, le produit national, celui-ci devant faire face aux exigences d'un budget écrasant et toujours en progrès.

Il ne s'agit donc pas ici d'exploitation rationnelle, de méthodes scientifiques, d'outillage perfectionné ; il ne s'agit pas non plus de déplorer que le frêt du quintal de blé soit tombé depuis quelques années de 5 francs à 1 franc pour l'Amérique, de déplorer le perfectionnement de l'outillage de nos ports, la multiplication de nos voies ferrées, la marine à vapeur, le percement de l'isthme de Suez. Ce serait une aberration de penser cela. Mais si nous voyons avec satisfaction les ingénieurs produire ces admirables œuvres, nous trouvons quelque peu ridicule qu'on veuille nous imposer les charrues à vapeur, les scarificateurs perfectionnés, les semoirs mécaniques, les faucheuses, les batteuses à grand travail, les engrais, les canaux d'irrigation, et nous refuser les mesures fiscales qui seules peuvent conjurer la ruine de l'agriculture causée par le « Laisser Passer ». Oui, nous le disons en toute conviction, ce n'est qu'avec le produit de la Douane que le gouvernement pourra venir en aide aux producteurs pour les améliorations futures.

D'après la doctrine du « Laisser Passer », un droit de douane de cinq francs par quintal métrique de blé, représenterait pour le producteur, une plus value de 60 francs par hectare à 12 quintaux de blé en moyenne, plus value à la charge du consommateur. C'est là une erreur économique vraiment trop souvent renouvelée, et par des hommes d'une importance considérable.

Nous allons assayer de détruire cette erreur qui dévoye tant d'esprits, si bien intentionnés cependant pour le bien public.

Les partisans des droits fiscaux ne demandent point la prohibition du blé étranger, ainsi qu'on se plaît à le dire, mais ils prétendent mieux régulariser l'approvisionnement du marché. Il est hors de doute que si les blés américains et indiens inondent le marché français, l'offre dépassant de beaucoup la demande, les cours seront d'autant plus avilis que le rendement sera plus grand en France ; et, la crise, loin de disparaître, ne sera que plus intense, les conditions de production n'étant nullement comparables, pas plus que les impôts, l'organisation et la situation financière des pays producteurs.

L'Amérique par exemple, opérant sur d'immenses surfaces franches d'impôts, et avec des machines à grand travail, produira toujours avec une économie que ne pourra atteindre notre pays où la propriété est très morcelée, les impôts très lourds, les droits de vente et d'héritage fort onéreux.

D'autre part, on admettra sans doute que si le prix du blé ne rembourse pas les frais de production, le chiffre d'hectares emblavés diminuera très sensiblement, car je ne suppose pas que l'on veuille produire pour le plaisir de faire gagner les marchands, ou d'alimenter les fonctionnaires ; par suite nous deviendrions de plus en plus tributaires du blé étranger, situation fort grave, fort inquiétante, qu'un gouvernement soucieux de son indépendance ne doit pas encourager, et qui, dans tous les cas, nous laisse à la merci d'une hausse énorme, sans précédent, si, par le fait des intempéries, ou causes diverses, la récolte des pays exportateurs venait à être insuffisante pour eux-mêmes.

Tandis que si, par le fait des droits fiscaux, l'Amérique se trouvait avoir un stock de blé trop considérable, il est encore certain qu'elle offrirait ce stock en baisse pour s'en défaire, et c'est alors que, malgré le droit de 5 francs, le commerce trouverait avantageux de s'approvisionner à l'étranger. C'est ainsi que le consommateur profiterait et de la concurrence des produits indigènes et de la concurrence des produits exotiques.

Les partisans du « Laisser Passer » répétaient incessamment à leurs adversaires : s'il vous est impossible d'atteindre le bas prix de production du blé américain, faites donc autre chose. Aujourd'hui l'argument change : faites-en beaucoup, nous dit-on.

Faudra-t-il faire du vin dans nos terres à

blé ? l'honorable M. H. Marès, secrétaire perpétuel de la Société centrale d'agriculture de l'Hérault, expose (dans son rapport au gouvernement au sujet du traité Franco-Italien), la situation du vigneron français, chiffres en mains et tout compte fait, c'est une faveur de 19 fr. 61 par hectolitre qui est accordée au vigneron étranger pour les vins importés à 15° 9. N'est-ce point là un suicide national ?

Ferons-nous du sucre, de l'alcool? Mais les droits d'accise de 100 à 300 pour cent de la valeur du produit, entravent la consommation et la restreignent au tiers de l'importance qu'elle devrait avoir.

IV

A la veille du renouvellement du tarif général des douanes, des agriculteurs clair-voyants voulurent réagir et s'opposer à la doctrine du « Laisser-Passer » notamment lors d'un meeting tenu à Paris, au grand hôtel, le 29 mars 1879. Il y fut décidé qu'aucun traité de commerce ne serait renouvelé ou conclu, mais qu'un tarif général serait établi sous

forme de loi, c'était bien là une réforme sérieuse.

Mais les décisions prises par l'assemblée se heurtèrent à un parti pris excessif et le tarif des douanes de 1880-81, livra de nouveau le marché national à l'étanger, sans se préoccuper d'obtenir une réciprocité quelçonque ; les traités de commerce vinrent par surcroit détaxer encore des produits imposés dans une mesure manifestement trop minime.

L'agriculture n'était pas représentée d'une manière effeclive et ce ne fut que l'année suivante qu'elle fut gratifiée d'un ministère spécial.

Mais le mal était fait, irréparable. Nos importations d'objets d'alimentation atteignaient en 1882 le chiffre de 1.628.860.000 francs (*Economiste français,* 3 février 1883), et en 1883 le krach survint. Toutes les valeurs furent atteintes et l'édifice financier faillit sombrer. La propriété foncière fut dépréciée de moitié dans l'espace de peu de mois, et le pays ne s'est pas relevé.

Le 30 avril 1881 , nous pétitionons pour obtenir la séparation des ministères de l'agriculture et du commerce. Les considérants sont :

1° Que le tableau des douanes de 1880 accuse un excédent des importations sur les exportations de 1 millard 500 millions et que cet excédant provient plus spécialement du chiffre afférent aux produits de l'industrie agricole exotique ;

2° Que cet excédent est l'indice d'une mauvaise direction économique, la France ne protégeant pas son agriculture ;

3° Qu'un pays qui dirige ses capitaux dans le commerce des produits agricoles exotiques et emploie ses revenus à l'achat de ces produits, éloigne de l'agriculture le capital indispensable à la production ;

4° Que cette fausse direction économique a aussi pour effet de favoriser la concurrence que les produit étrangers font à nos produits, sur le marché national ;

5° Que l'agriculture privée de ses capitaux et frappée dans ses revenus par l'avilissement du prix des denrées, doit désormais renoncer à toute amélioration, alors que la détresse agricole coïncidera avec la prospérité relative du commerce des ports de mer.

Ce vœu obtint satisfaction et l'agriculture fut dès lors gratifiée d'un ministère spécial.

Nous avions enfin un défenseur, et les

conséquences de cette nouvelle situation ne tardèrent pas à se produire.

Le Nord qui subissait une concurrence forcée de la part des sucres allemands, organisa une enquête agricole administrative, et les faits et les chiffres relatés par l'enquête amenèrent le parlement (août 1884) à frapper d'une surtaxe de sept francs les sucres étrangers. Cette surtaxe ne constituait pas la moindre protection, puisqu'elle n'était que la parité de compensation de la prime à l'exportation accordée en Allemagne. Du reste 6 mois après l'application de la surtaxe (février 1885) les raffinés baissaient de 4 francs par 100 kilogr. Le consommateur n'a donc pas eu a souffrir, et nous nous trouvions débarrassés du souci de devoir consommer du sucre allemand, au lieu et place du sucre français.

Le même fait s'est produit lors de l'application de la taxe de 3 francs sur les blés. Ceux-ci valaient (1884) 21 fr. 25 ~~le quintal~~ *l'hectolitre* et en septembre 1885, le cours n'était plus qu'à 20 fr. 75. Voilà donc le résultat si redouté de la taxe, la production intérieure comblait et au delà le déficit des importations et la concurrence indigène remplaçait en partie la concurrence étrangère. Le consommateur profite donc du droit ainsi que le Trésor, et l'argent reste en France au lieu d'aller courir les Amériques.

Les taxes douanières modérées donnent à l'industrie et à l'agricuture le plus grand stimulant en vue de la production — au commerce national la plus grande somme d'activité — et à la consommation toute l'étendue désirable.

Notre commerce général s'élevant environ à 5 milliards pour l'importation, une taxe moyenne équivalente à 20 pour cent *ad valorem* donnerait un résultat de 1 milliard au Trésor, soit un boni de 700 millions, qui procureraient au pays un bienfait inappréciable, si les impôts directs et indirects étaient dégrevés d'autant.

V

En examinant le tarif général des douanes nous sommes vraiment fort surpris du nombre considérable des produits exempts de tout droit d'entrée. Nous remarquons aussi que par le fait des tarifs conventionnels certains articles taxés manifestement trop bas ont été détaxés. Pour ne citer qu'un exemple, les vins taxés à 4 fr. 50 l'hectolitre au tarif géneral (la commis-

sion et le sénat avaient votés 6 francs) arrivent
par le tarif conventionnel à être réduits à 2
francs par hectolitre.

C'est vraiment inoui qu'une pareille iniquité
se produise sans protestation!

Pourquoi donc ces tarifs conventionnels?
Pour accorder des concessions il faut présup-
poser un tarif général très protectioniste. Or
les taxes de notre tarif douanier sont nulles ou
réduites jusqu'à l'impossible, quelle marge
reste-t-il donc à la diplomatie pour accorder
des concessions et en obtenir ?

La faculté laissée au gouvernement de faire
des traités de commerce n'est plus de mise
aujourd'hui. Du reste l'Allemagne, l'Amérique
et l'Angleterre qui sont des pays exportateurs
par excellence se contentent de leur tarif général douanier ; pourquoi la France, n'agirait-elle
pas de même.

Les représailles ne sont en réalité qu'un
fantôme, les pays avec lesquels nous avons
des traités, la Belgique, l'Italie, le Portugal, la
Suède, la Norvège, l'Espagne, la Suisse, les
Pays-Bas, la Turquie, sont généralement
protectionnistes, relever leur tarif serait une
faute économique préjudiciable surtout à eux-
mêmes.

Il faut donc jusqu'à nouvel ordre s'en tenir purement et simplement à un tarif général dont les taxes soient bien étudiées. Le champ des concessions devient nul.

A propos du rejet de la convention grecque au sénat (avril 1887) M. Sébline qui a eu en partie l'honneur du succès (60 voix de majorité sur le gouvernement) disait avec raison que cette pauvre agriculture était la bête de somme des traités de commerce. Si donc on continue à faire des traités de commerce quels seront les produits qui subiront une détaxe à l'importation, si ce n'est encore les produits agricoles ?

Dans les derniers jours de l'Empire, M. Rouher reconnut lui-même que le temps des traités de commerce était passé. Hélas combien il est fâcheux que le nouveau régime ne l'ait pas compris, surtout après nos désastres de 1870 !...

www.ingramcontent.com/pod-product-compliance
Lightning Source LLC
Chambersburg PA
CBHW060529200326
41520CB00017B/5174